La llegada del virrey

EDICIONES
TECOLOTE

¡**D**e prisa, de prisa que ya es hora!

Chapultepec está de fiesta.

Vienen llegando los nuevos virreyes.

Y yo, Luis Guzmán,

paje de un ilustre caballero de Santiago,

voy a hacerles los honores

toreando con mi amo.

La llegada del virrey

Texto e iconografía: Claudia Burr, Krystyna Libura, Ma. Cristina Urrutia

Albur... ¿qué?, ¿quéquere qué? ¡Alburquerque!

Así se llama el nuevo virrey que Su Majestad Felipe V,

rey de España, ha enviado para gobernarnos.

Y viene también su esposa la virreina y su hijita,

bautizada con 52 nombres,

todos, por cierto, muy célebres.

Seguro vienen hechos pinole:

tres meses en barco de España a Veracruz,

y un mes bamboleándose en carruaje

desde la costa hasta Chapultepec.

Bien se merecen unos días de descanso

antes de hacer su entrada pública

a la Muy Noble y Leal Ciudad de México.

Una enorme carroza se acerca tirada por seis caballos. ¡La virreina!

¡**Q**ué pleitos para conseguir un buen lugar en palacio!

Lo más selecto de la nobleza ha llegado al festejo de bienvenida.

Por allá, en los balcones, se asoma el señor arzobispo,

vestido de púrpura, y también vemos a las damas,

muy emperifolladas para la ocasión.

¿Habrá ceremonia de besamanos?

¡**S**h...! Llegó el momento: el virrey sale al balcón central.

¡Pero miren qué peluca: larga hasta el codo, de raya en medio,

con rizos y toda cubierta de polvos blancos!

Ojalá se le caiga...

Cuentan que el virrey Conde de Moctezuma

se quedó sin cabellera cuando lo tumbó el caballo.

Al suelo fueron a dar virrey y peluca,

levantando enorme nube de polvo.

Sombrero de tres cuernos y encajes

alrededor del pescuezo:

¡quién iba a imaginar

que así visten

los guardias!

Dicen que

estas coqueterías

están llegando

de Francia. ¿Será?

¡**A**llá, sí, allá! ¿Ya vieron a los indios con macanas

y penachos de pluma?

Traen xuchiles,

aquellos ramos de flores

adornados con hojas de maíz.

También ellos vienen a hacer

los honores al nuevo virrey.

¡**C**uidado, se va a caer!

La sirvienta de las grandes damas

viaja al estribo del carruaje;

quiere estar lista para abrir la puerta

en cualquier momento.

Yo creo que es loba, por su piel negra,

tente en el aire o no te entiendo.

Con tantos colores

que tiene la gente... ya ni sé.

¡**A**tención! Ahora me toca a mí: entro en escena.

El virrey mismo me aplaude. Silencio.

Ya viene el toro, torito, toro, ¡qué torote!

Mi amo a caballo, y yo...

abandonado a mi suerte.

¡Háganme el quite!

¡Tal sed para tal faena!

Merezco un buen refrigerio,

o dicho de otro modo, un sabroso trago.

No todos se contentan con aguas frescas.

Dicen que el pulque alegra el corazón...

pero también lo altera.

Comienza la mascarada. ¡Ay! ¿qué es esto?

Si mis ojos no mienten...

¡veo a un cristiano vestido de guajolote!

Cada quien se pone su disfraz: hay que ser lo que no se es.

Se trata de un mundo verdaderamente al revés.

¿Lo digo otra vez, o lo repito al revés?

¡Qué traspiés!

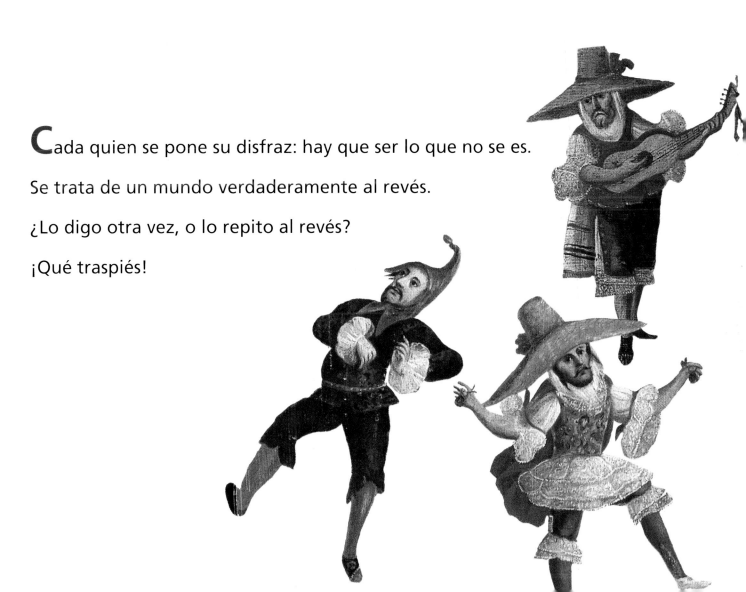

¡La calma del jardín!
A buen hambre,
no hay pan malo;
ni a buen sueño, mala cama.
Vamos a descansar
junto a la fuente.
Dicen que un codicioso virrey
la descubrió mientras buscaba
el tesoro de Moctezuma.
¡Ah... qué rico!

¡**P**obres leones!

¿Cuánto tiempo llevarán enjaulados?

Ya parecen gallinas pelonas.

Se sabe que Moctezuma tenía en sus jardines

muchos otros animales,

como serpientes,

coyotes y gran variedad de pájaros.

También la abuela

del virrey Alburquerque se enjaulaba.

Ah, pero por su propio gusto.

Dicen las malas lenguas

que se mandó construir una jaula

para asistir a catedral.

La muy presumida oía misa,

junto con su hija,

protegida detrás de los barrotes,

porque no quería mezclarse

con la multitud.

¿**Y** estos universitarios?

Se ven muy sabios y muy serios.

Han de estar discutiendo

de retórica, de teología...

en fin, esas cosas de las ciencias

que son aburridísimas.

¿Quién les entenderá?

La india cacica también parte plaza, como yo. Ah, pero ella. . .

"con rebozo y coral contra la envidia y el mal".

¡**G**uardias, detengan ese coche!
Hace días atropellaron
a un gachupín.
Ahora está prohibido
ir a gran velocidad,
no vayan a
apachurrar a otro
despistado.

Corre el año de 1702.

La Ciudad de México ha recibido a su 34° virrey.

La fiesta terminó. Todos los personajes

toman su sitio en el cuadro.

Yo, Luis Guzmán, regreso a mi puesto.

Pero puedo volver a torear

si tú me revives con tu mirada.

¿Quierés? ¡De prisa, de prisa que ya es hora!

La colección **Ya verás...** busca acercar al niño al pasado, por medio de textos e ilustraciones de época.

Este libro aborda el período colonial a través de la descripción de un acontecimiento del siglo XVIII novohispano: la celebración en Chapultepec de la llegada del nuevo virrey Alburquerque a tierras mexicanas. La trama es la siguiente: un pequeño paje escapa del biombo de época titulado *Alegoría de la Nueva España* para describir las diferentes escenas de la celebración.

Los personajes típicos de la sociedad novohispana: virrey y virreina, condes y arzobispos, indios y mulatas, universitarios y cocheros aparecen ante los ojos del niño. Es sólo al final del libro, cuando el paje regresa a su lugar en el biombo, que el lector puede ver la escena completa. El niño podrá ahora divertirse reintegrando los personajes a su escenario original...

Los detalles de la vida cotidiana, plasmados en el biombo, así como las anécdotas que aparecen en el texto y que fueron tomadas de crónicas y relatos coloniales permitirán al niño asomarse al pasado de una forma creativa y lúdica .